Los seres vivos necesitan agua

Bobbie Kalman

Crabtree Publishing Company

www.crabtreebooks.com

Creado por Bobbie Kalman

Dedicado por Crystal Sikkens
Para Nancy y Rich los mejores
deseos en su nueva vida juntos.

Mixed Sources
Product group from well-managed
forests and other controlled sources
www.fsc.org Cert no. SW-COC-1271
© 1996 Forest Stewardship Council

Autora y editora en jefe
Bobbie Kalman

Editoras
Reagan Miller
Robin Johnson

Investigación fotográfica
Crystal Sikkens

Diseño
Bobbie Kalman
Katherine Kantor
Samantha Crabtree (portada)

Coordinadores de proyectos
Robert Walker
Kenneth Wright

Coordinación de producción
Margaret Amy Salter

Consultor lingüístico
Dr. Carlos García, M.D., Maestro bilingüe de Ciencias,
    Estudios Sociales y Matemáticas

Ilustraciones
Barbara Bedell: páginas 14 (tiburón y ballena), 15 (todas excepto la
    tortuga marina), 24 (líquido, plantas y río)
Bonna Rouse: páginas 14 (tortuga marina), 15 (tortuga marina), 24 (estanque)
Margaret Amy Salter: páginas 10, 14 (pulpo), 24 (océano)

Fotografías
© Fotolia.com: página 24 (hielo)
© iStockphoto.com: páginas 5 (parte inferior derecha), 16, 17
© Shutterstock.com: portada, contraportada, páginas 1, 3, 4,
    5 (parte superior), 6, 7 (todas excepto la foca), 8, 9, 10, 11, 12, 13, 14,
    15, 18, 19, 20, 21, 22, 23, 24 (nubes, rocío, lago y lluvia)
Otras imágenes de Creatas y Digital Vision

Traducción
Servicios de traducción al español y de composición de textos
    suministrados por translations.com

Library and Archives Canada Cataloguing in Publication

Kalman, Bobbie, 1947-
    Los seres vivos necesitan agua / Bobbie Kalman.

(Introducción a los seres vivos)
Includes index.
Translation of: Living things need water.
ISBN 978-0-7787-8678-8 (bound).--ISBN 978-0-7787-8687-0 (pbk.)

    1. Water--Juvenile literature. 2. Hydrologic cycle--Juvenile literature.
3. Plant-water relationships--Juvenile literature. 4. Animal-water
relationships--Juvenile literature. I. Title. II. Series: Kalman, Bobbie, 1947-
Introducción a los seres vivos.

GB662.3.K3318 2008   j571   C2008-902909-7

Library of Congress Cataloging-in-Publication Data

Kalman, Bobbie.
    [Living things need water. Spanish]
    Los seres vivos necesitan agua / Bobbie Kalman.
        p. cm. -- (Introducción a los seres vivos)
    Includes index.
    ISBN-13: 978-0-7787-8687-0 (pbk. : alk. paper)
    ISBN-10: 0-7787-8687-0 (pbk. : alk. paper)
    ISBN-13: 978-0-7787-8678-8 (reinforced library binding : alk. paper)
    ISBN-10: 0-7787-8678-1 (reinforced library binding : alk. paper)
    1. Water--Juvenile literature. 2. Hydrologic cycle--Juvenile literature.
3. Plant-water relationships--Juvenile literature. 4. Animal-water
relationships--Juvenile literature. I. Title. II. Series.

GB662.3.K35318 2008
571--dc22
                                                              2008019152

Crabtree Publishing Company

www.crabtreebooks.com   1-800-387-7650

Publicado en Canadá
Crabtree Publishing
616 Welland Ave.
St. Catharines, Ontario
L2M 5V6

Publicado en los Estados Unidos
Crabtree Publishing
PMB16A
350 Fifth Ave., Suite 3308
New York, NY 10118

Publicado en el Reino Unido
Crabtree Publishing
White Cross Mills
High Town, Lancaster
LA1 4XS

Publicado en Australia
Crabtree Publishing
386 Mt. Alexander Rd.
Ascot Vale (Melbourne)
VIC 3032

Impreso en Canadá

Contenido

¿Qué es el agua?

El agua es un **líquido**. No tiene sabor,
color ni olor. El agua no tiene forma.

El agua está en todas partes. Está en los ríos y en los lagos.

La encontramos en los océanos.

Y en los estanques.

5

El agua cambia

La lluvia es agua en estado líquido. Cae desde el cielo en forma de gotas. La lluvia moja las cosas. Esta niña se moja en la lluvia. La lluvia ayuda a las plantas a crecer. Las plantas necesitan el agua.

En las nubes hay agua. Cuando el agua se calienta, cae en forma de lluvia. Y cuando se enfría, cae en forma de nieve.

un copo de nieve

El hielo y la nieve son agua en estado **sólido**. En invierno, los animales comen nieve para obtener el agua que necesitan.

El **rocío** es agua en estado líquido. Los animales pequeños, como estos insectos, toman agua del rocío.

Los seres vivos

Las personas son seres vivos. Las plantas son seres vivos. Los animales son seres vivos.

El agua no es un ser vivo, pero todos los seres vivos necesitan el agua para vivir.

8

Los seres vivos están formados principalmente por agua. En el interior de tu cuerpo hay agua. En el interior de las plantas hay agua. Y en el interior de los animales también hay agua. La mayoría de los seres vivos necesitan beber agua todos los días.

Plantas sedientas

Las plantas necesitan agua para crecer y para producir nuevas plantas. Necesitan agua para producir alimento. Las plantas absorben agua a través de las **raíces**. La mayoría de las plantas tienen las raíces en la **tierra**. En la tierra también hay agua. Estas plantas crecen en el suelo junto a un río. Allí consiguen mucha agua.

raíces

Las plantas producen el alimento en las hojas a partir del aire, la luz solar y el agua. Las plantas no pueden producir alimento sin el agua.

Esta planta crece en el suelo. Sus raíces toman el agua de la tierra. El agua sube por el tallo y llega a las hojas.

Estas plantas crecen en el agua. Las raíces toman el agua que las plantas necesitan. El agua sube por los tallos.

11

¿Cómo beben?

Las personas y los animales también necesitan agua para crecer y moverse. Cuando necesitan agua, sienten sed. ¿Cómo beben agua?

Las personas y muchos animales beben agua con la boca.

Algunos animales no tienen boca. Las aves beben agua con el pico. Algunos insectos comen y beben con la **probóscide**. Los elefantes también tienen una probóscide llamada **trompa**.

Las aves beben agua con el pico.

probóscide

Los elefantes chupan agua con la trompa y se echan el chorro en la boca.

13

Vida en el océano

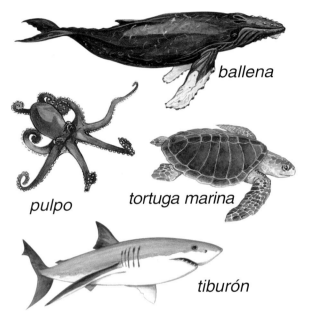

ballena

pulpo

tortuga marina

tiburón

Muchos animales viven en el agua. No pueden vivir en la tierra. El agua es su hogar y en ella encuentran todo el alimento que necesitan. Los tiburones, las ballenas, los pulpos, las tortugas marinas y muchas clases de peces viven en los **océanos**. Los océanos están formados por **agua salada**.

morena

¿Conoces estos animales marinos?

1. ¿Qué animal se parece a la serpiente?

2. ¿Qué animal tiene un caparazón duro?

3. ¿Qué animal tiene una gran sonrisa?

4. ¿Qué animal se parece a un loro?

5. ¿Qué animal se parece a un árbol?

gusanos árbol de Navidad

tortuga marina

pez loro

morena

delfín

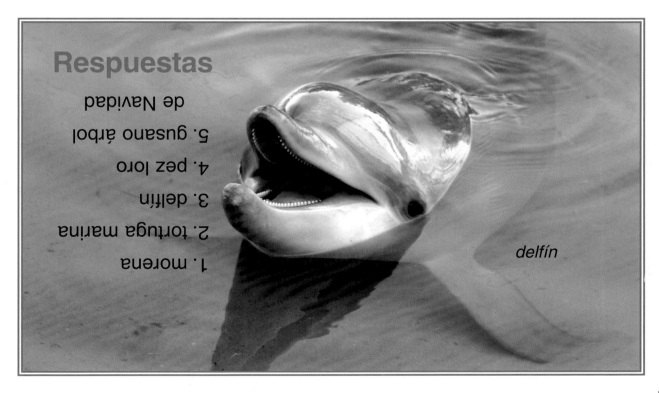

Respuestas

1. morena
2. tortuga marina
3. delfín
4. pez loro
5. gusano árbol de Navidad

delfín

Crías de agua

Algunos animales viven en **agua dulce**. El agua dulce no contiene mucha sal. Las ranas ponen sus huevos en los estanques. Los estanques tienen agua dulce. El agua de este estanque está llena de huevos de rana. De los huevos salen las crías de las ranas llamadas **renacuajos**. Los renacuajos viven en el agua. Cuando crecen se convierten en ranas.

renacuajo

huevos de rana

Limpios y frescos

Los animales se bañan para limpiarse el cuerpo. Y también para refrescarse. Este elefante está tomando una ducha fresca debajo de una cascada.

Los hipopótamos necesitan
estar dentro del agua
durante el día. Su piel
se reseca con el sol y se
agrieta. Los hipopótamos
salen del agua por la
noche para alimentarse.
A los tigres les gusta
refrescarse en el agua.

La limpieza

Las personas también deben estar limpias para mantenerse saludables. Necesitamos ducharnos o bañarnos con frecuencia. Usamos el agua para asearnos y lavar las cosas que utilizamos.

También usamos el agua para lavarnos los dientes.

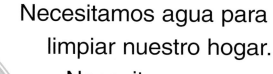

Necesitamos agua para limpiar nuestro hogar. Necesitamos agua para lavar la ropa. Este niño está lavando los platos. Abrió la llave y llenó el fregadero con agua. Nombra cinco formas en las que usas el agua todos los días.

Esta niña lavó las toallas en la lavadora. Las secó en la secadora y las dobló.

¡A divertirnos!

Las personas necesitan el agua, pero también muchas se divierten en ella. Muchas personas nadan en el verano. ¿Qué juegos acuáticos practicas en la piscina o en la playa?

A muchas personas también les gusta la nieve y el hielo. La nieve y el hielo son agua congelada. Usamos el agua de distintas maneras. ¡El agua nos hace sentir bien!

Palabras para saber e índice

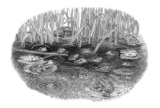
estanques (los)
páginas 5, 16

hielo (el)
páginas 7, 23

lagos (los)
página 5

líquidos (los)
páginas 4, 6, 7

lluvia (la)
páginas 6, 7

nieve (la)
páginas 7, 23

nubes (las)
página 7

océanos (los)
páginas 5, 14-15

raíz

plantas (las)
páginas 6, 8, 9, 10-11

ríos (los)
páginas 5, 10

rocío

rocío (el)
página 7

Otras palabras

agua dulce (el) página 16

agua salada (el) página 14

animales (los) páginas 7, 8, 9, 12, 13, 14, 15, 16, 18

personas (las) páginas 8, 12, 20, 22, 23

24

Impreso en Canadá